Sagen und Erzählungen

rings um Springe

Sagen und Erzählungen
rings um Springe

Einband und Illustrationen
von
Ilse Kollmann-Gümmer

Textbearbeitung
von
Georg Kollmann

Verlag CW Niemeyer

CIP-Titelaufnahme der Deutschen Bibliothek

Sagen und Erzählungen rings um Springe / Ill von Ilse Kollmann-Gümmer. Textbearb. von Georg Kollmann. – Hameln : Niemeyer, 1991
ISBN 3-87585-161-7
NE: Kollmann, Georg [Bearb.]

Gesamtherstellung CW Niemeyer-Druck Hameln
Printed in Germany
ISBN 3-87585-161-7

Inhalt

Zu diesem Buche

Wohl in jeder Gegend Niedersachsens sind in früherer Zeit Sagen entstanden. Über viele Generationen hin sind sie mündlich überliefert worden, bis sie jemand für der Mühe wert hielt, aufgeschrieben zu werden.
Beim Erzählen an langen Winterabenden am Herdfeuer oder in den Spinnstuben sind wahrscheinlich im Laufe der Zeit durch phantasievolles Hinzufügen oder Weglassen Veränderungen der Sagen entstanden, die bisweilen ihre Ursprünge kaum noch oder auch gar nicht mehr erkennen lassen. Auch sind bisweilen Sagen aus anderen Gegenden übernommen und den Gegebenheiten der neuen Heimat angepaßt worden.
Älteste Sagen handeln von Zwergen, Riesen, Drachen, Elfen und heidnischen Göttern. Manches aus ihnen wurde in der Zeit, als die Sachsen zum Christentum bekehrt worden waren, mit dem neuen Glauben vermischt.
Aus dem Mittelalter stammen jene Sagen, welche von Grafen und Rittern berichten und ihre Streitigkeiten, Fehden sowie später ihre Untaten als Raubritter schildern.
Da die Entwicklung von Springe vom ehemaligen Dorf Hallerspringh bis zur Stadt Springe sowie auch das Schicksal der umliegenden Ortschaften von der Mitte des zwölften Jahrhunderts bis zum Beginn des fünfzehnten durch das Grafengeschlecht derer von Hallermunt wesentlich beeinflußt wurde, ist es nicht verwunderlich, daß darüber eine Anzahl Sagen entstanden ist.
Um die Sagen dieser Gegend vor dem Vergessen zu bewahren, wurden sie neu bearbeitet und mit vielen Illustrationen versehen.

Der Pakt mit dem Teufel

Es ist schon mehrere hundert Jahre her, da verbot der Landesherr den Bürgern von Springe, aus den umliegenden Wäldern Holz zu holen, da er nicht wollte, daß sein Wild von Holzfällern und -sammlern gestört und vergrämt würde, denn die Jagd ging ihm über alles.

Durch dieses Verbot entstand eine schlimme Zeit für alle Leute in Springe, denn, nachdem die letzten Vorräte aufgebraucht worden waren und man sogar in den Gärten die Obstbäume gefällt und verfeuert hatte, fehlte das Holz zum Kochen und um im Winter die Stube zu heizen, so daß alle jämmerlich frieren mußten.

Der Teufel erfuhr bald von der Not der Menschen in Springe und wollte sie für sich nutzen. Darum kam er zu ihnen und versprach ihnen, soviel Holz zu liefern, wie sie benötigten. Sie müßten ihm allerdings dafür alle fünf Jahre einen Mann für die Hölle übergeben. Da wieder Herbst war und einem jeden vor der bevorstehenden Winterkälte graute, war der Rat der Stadt zu allem bereit und schloß den Vertrag mit dem Teufel.

Es ging danach auch viele Jahre hindurch ganz gut so. Der Teufel hielt sich an das Abkommen, und wenn wieder einmal fünf Jahre vorbei waren, übergab man ihm einen Verbrecher oder einen Säufer, den man sowieso gern loswerden wollte. Man hatte dabei sogar noch den Vorteil, daß das Gefängnis leer wurde. Der Teufel nahm dann sein Opfer in Empfang und flog mit ihm in eine Höhle am Nesselberg, welche direkt in die Hölle führte.

Aber der Vorrat an schlechten Menschen ging auch in Springe schließlich zu Ende. So kam es dann, daß gerade kein Bösewicht vorhanden war, als die fünf Jahre wieder einmal abgelaufen waren und der Teufel seinen Mann für die Hölle abholen wollte.

Als der Bürgermeister ihn deshalb abweisen wollte, wurde der Teufel wütend und verlangte, daß dann der Bürgermeister selbst mit ihm gehen müsse. Doch dem schien weder die Hölle noch das Fegefeuer verlockend zu sein, und er weigerte sich hartnäckig mitzukommen. Aber da drohte der Böse in seinem Zorn, die ganze Stadt Springe an allen Ecken und Enden anzuzünden und alles in Schutt und Asche zu legen, wenn der Vertrag nicht eingehalten würde.

Danach blieb dem Bürgermeister nichts anderes übrig, als sich für das Wohl seiner Stadt zu opfern und den Teufel zu begleiten. Nachdem die beiden eine Zeitlang nebeneinander gegangen waren, gerieten sie in Streit, denn der Bürgermeister vertrat die Meinung, der Teufel habe im Lauf der Jahre genug Seelen für sein Holz bekommen. So gab ein Wort das andere, bis sie am Hallerbrunnen in der Deisterpforte angekommen waren. Da war es dann soweit gekommen, daß beide handgreiflich wurden und der Bürgermeister den Teufel mit beiden Händen in der Hüfte packte, ihn hochhob und mit solcher Gewalt auf einen Stein schmetterte, daß beide Füße des Teufels hineindrangen. Deshalb kann man die tiefen Eindrücke der beiden Teufelsfüße dort heute noch sehen, auf einer Seite einen Menschenfuß, auf der anderen einen Pferdehuf, und darum trägt die Steinplatte bis heute den Namen „Teufelsstein“.

Nachdem der Teufel im Streit mit dem Bürgermeister erfahren hatte, mit welch kräftigen Burschen er es in Springe zu tun hatte, flog er eilig davon zum Nesselberg und ist bis heute niemals wieder in der Stadt gesehen worden.

Der Schäfer am Hallermuntskopf

In Springe wohnte einst ein Schäfer, der mit seiner Herde von Ort zu Ort wanderte. Als er seine Schafe im Frühling am Hallermuntskopf weidete und dort seinen Schäferkarren zum Übernachten aufgestellt hatte, hörte er in aller Frühe beim Erwachen durch die dünne Bretterwand seiner Schlafstätte, wie eine Frauenstimme ein trauriges Lied erklingen ließ.

Eilig kroch er von seinem Strohlager nach draußen und sah dort drei schöne, junge Frauen stehen. Als er sie verwundert und ratlos anblickte, trat eine von ihnen auf ihn zu und sprach mit klagender Stimme:

„Vor langer Zeit sind meine Schwestern und ich in diesen Berg verwünscht worden und dürfen ihn nur alle hundert Jahre einmal verlassen, um vielleicht einen Mann zu treffen, der in einer Christnacht geboren wurde und uns vom Bannfluch erlösen kann. Wir wissen, daß dieses auf dich zutrifft und fragen dich, ob du uns erlösen willst."

Der Hirt überlegte eine Zeitlang und sagte dann, da die Jungfern ihm leid taten:

„Ich werde es versuchen, doch will ich vorher zur Kirche gehen und das Abendmahl nehmen. Kommt morgen früh wieder nach hier, dann werde ich mit euch gehen."

Nachdem er seine Schafe ins Gatter gesperrt und den Hund ermahnt hatte, sie gut zu bewachen, ging der Schäfer ins Tal nach Springe zum Pastor und erzählte ihm, was er erlebt hatte. Daraufhin gab ihm der Geistliche gern das Abendmahl. Danach ging der Hirt nach Hause, gab Anweisungen für den Fall, daß er nicht wieder

zurückkommen sollte und nahm Abschied von seiner Frau und den Kindern.

Dann eilte er zurück zu seiner Herde, kroch in den Karren und schlief, bis ihn am nächsten Morgen die Stimmen der drei Frauen weckten. Jetzt war er sofort bereit, mit ihnen zu kommen, und sie gingen zusammen durch dichten Wald, bis sie an den Eingang einer Höhle kamen, durch den sie eintraten. Als sie eine Strecke Wegs zurückgelegt hatten, kamen sie an eine feste, eisenbeschlagene Eichentür, die verschlossen war. Doch als eine der Jungfern mit einem Schlüsselbund dagegenschlug, sprang sie von selbst auf. So geschah es noch mit mehreren Türen, bis sie endlich in einen großen Raum kamen.

Dort saßen zwölf Männer mit langen, weißen Bärten an einem steinernen Tisch. Zunächst erschrak der Schäfer bei ihrem Anblick. Aber bald bemerkte er, daß sie ihn erwartungsvoll und nicht unfreundlich ansahen und sich nicht vom Platze rührten. Da forderte ihn eine der Jungfern auf, er möge sich Erde von einem Haufen, der in einer Ecke lag, nehmen. Aber der Schäfer sah keinen Sinn darin und fragte, was er mit dem Dreck denn anfangen solle. Da redeten ihm alle drei Frauen gut zu und meinten, daß er das später schon erfahren werde und es bestimmt nicht sein Schaden sein würde. Er solle sich nur ruhig alle Taschen damit anfüllen; aber er dürfe die Erde nicht früher herausnehmen, bis er wieder beim Pastor angekommen sei.

Da der Schafhirt meinte, daß es sicher noch niemandem geschadet habe, Erde in den Taschen zu haben, tat er schließlich, wie ihm geheißen worden war. Doch kaum war er damit fertig, gab es ein fürchterliches Getöse. Der Berg begann zu beben, und im nächsten Augenblick befand sich der Schäfer wieder draußen vor dem Eingang der Höhle, und die drei Jungfern standen bei ihm. Aber jetzt waren ihre Gesichter nicht mehr traurig wie zuvor, sondern sie lachten und dankten ihm herzlich dafür, daß er sie erlöst habe. Danach sagten sie zu ihm, wenn er nicht vorher das Abendmahl genommen hätte, wären durch ihn die zwölf bärtigen Männer erlöst worden, da er es jedoch getan habe, seien sie vom Bannfluch frei geworden. Die alten Männer am Steintisch seien nämlich deshalb einst verwünscht worden, weil sie in ihrem ganzen Leben niemals das heilige Abendmahl genommen, sondern sogar darüber gespottet hätten.

Nachdem die Jungfern das dem Schäfer erklärt hatten, verschwanden sie vor seinen Augen wie in einer Nebelwolke. Nachdenklich ging der Hirt danach ins Tal zum Pastor und berichtete ihm, was sich ereignet hatte. Dabei griff er in seine Tasche, um den vermeintlichen Dreck vorzuzeigen. Doch der war zu seinem Erstaunen in Gold verwandelt worden. Darüber erschrak der arme Mann so sehr, daß ihn auf der Stelle der Schlag traf und er nach einigen Tagen starb.

Zum Glück blieb für die Schäfersfrau und ihre Kinder das Gold, sonst wären sie in schlimme Armut geraten. So aber hatten sie alle genug für ihr ganzes Leben.

Der Drakenberg

Im Kleinen Deister befindet sich im Saupark ein Hügel, welcher Drakenberg genannt wird. Früher einmal soll sich aber an dieser Stelle statt des Berges eine Bodensenke befunden haben, von der aus man in eine Höhle gelangen konnte.

In jener Höhle, so berichtet eine Sage, hauste einst ein fürchterlicher Drache, der die Gegend in Angst und Schrecken versetzte. Er hatte es sich nämlich zur Gewohnheit werden lassen, sich ausschließlich vom Fleisch junger Frauen zu ernähren. Sobald er Hunger verspürte, holte er sich sein Opfer aus einem der nahegelegenen Orte Springe, Alvesrode, Kleinrode, Völksen, Gestorf, Eldagsen oder Holtensen.

Natürlich setzten sich die Männer dieser Orte zur Wehr. Doch mit ihren Heugabeln und Dreschflegeln konnten sie gegen das Untier nichts ausrichten. Darum schickten sie in ihrer Not eine Abordnung zu ihrem Landesherrn, dem Herzog von Calenberg, und baten ihn dringend um Hilfe. Der war auch gleich bereit zu helfen und schickte eine Abteilung Soldaten nach der Drachenhöhle. Doch die Bestie spie den Angreifern Feuer und Schwefel entgegen und tötete einige, die sich zu nahe herangewagt hatten, durch wütende Prankenhiebe. Da auch Gewehrkugeln die Hornschicht der Drachenhaut nicht durchdringen konnten, mußten die Kriegsleute einsehen, daß sie nichts gegen den Drachen ausrichten konnten und zogen wieder ab.

Nach diesem Fehlschlag herrschte überall Trauer und Verzweiflung, und viele Leute beschlossen, Haus und Hof aufzugeben und von hier fortzuziehen.

Da meldete sich ein Schuhmacher aus Eldagsen und erbot sich, gegen gute Belohnung den Kampf mit dem Drachen zu wagen und ihn zu töten. Daraufhin kamen die Bürgermeister der notleidenden Orte zusammen und berieten, was zu tun sei. Zwar trauten sie dem schwächlichen Schuster keine Heldentaten zu, aber der Mann war als schlau und pfiffig bekannt, und so wurden sie mit ihm handelseinig.
Der Schuhmacher hatte auch längst einen besonderen Plan und dachte gar nicht daran, den Drachen nach Art seines Schutzpatrons Sankt Georg hoch zu Roß mit einer Lanze anzugreifen.
Gemeinsam mit seinem Gesellen sammelte er von allen Schuhmachern der Gegend, in Eldagsen allein soll es davon neunundneunzig gegeben haben, soviel Pech ein, wie diese bereit waren abzugeben. Dann legten sich Meister und Geselle in der Nähe der Drachenhöhle auf die Lauer und warteten ab, bis der Drache aufbrach, um sich wieder einmal eine Jungfrau zu holen.
Nach einigen Tagen war es soweit, und das Untier watschelte schwerfällig aus seiner Höhle in die Richtung von Gestorf. Kaum hatte der Drache sich weit genug entfernt, gingen die beiden Männer in seine schmutzige, stinkende Höhle und schmierten das Lager der Bestie mit dem gesammelten Schusterpech ein.
Als später der Drache müde und gesättigt zurückkehrte, bemerkte er die Veränderung in seiner Höhle nicht und wälzte sich zum Verdauungsschlaf auf sein Lager. Nachdem er dort eine Zeitlang geruht hatte und das Pech unter ihm fest und trocken geworden war, kamen der Schuhmacher und sein Geselle herbei und begannen, das Tier aus gehörigem Abstand mit Steinen zu bewerfen und dadurch aufzuwecken. Wütend über die Störung wollte sich der Drache erheben und die Störenfriede verscheuchen. Aber da zeigte

es sich, daß er nicht von der Stelle konnte und hilflos am Boden der Höhle festklebte.

Als jetzt die Schustersleute sahen, daß sie den Drachen nicht mehr zu fürchten brauchten, trauten sie sich näher heran und belästigten ihn so sehr, daß er vor Wut begann, Feuer zu speien. Doch das hatten die beiden Männer gerade gewollt, denn im Nu entzündete sich das Pech, und in der Höhle standen auch das Reisig und Stroh des Drachenlagers mit in Flammen. Da wendete und drehte sich der Drache verzweifelt, um loszukommen. Doch alles Mühen war vergeblich, und er erlitt einen qualvollen, verdienten Tod in Feuer und Rauch.

Als bekannt geworden war, daß der Drache nicht mehr lebte, herrschten Jubel und Freude in allen Orten rings um Springe, und der Schuhmacher wurde als großer Held gefeiert. Selbstverständlich erhielt er die vereinbarte Belohnung, denn allen war ja bekannt, wie es den Hamelnern ergangen war, als sie den Rattenfänger um den verdienten Lohn geprellt hatten.

Nachdem der Jubel über die Befreiung aus der Not abgeklungen und der Alltag wieder eingekehrt war, meinte der Geistliche aus Springe in der Ratsversammlung, daß man in Zukunft keineswegs sicher sein könne, ob die Seele des Drachen als Spuk oder Gespenst noch Schaden anrichten würde. Daraufhin wurde beschlossen, daß die Bauern aus allen sieben Orten die Bodensenke, in der sich die Drachenhöhle befand, mit Erde zuschütten sollten. So fuhren sie dann lange Zeit hindurch ein Fuder nach dem anderen herbei, füllten die Drachenschlucht aus und türmten zur Sicherheit noch einen Hügel darüber. Daraus entstand dann die Anhöhe, welche danach Drakenberg benannt wurde. Doch wo Erde abgefahren wird, entsteht natürlich ein Loch im Boden. So war es auch hier,

und es entstand auf diese Weise der schöne, große Teich bei der Holzmühle.

Die Kunde von der Heldentat des Eldagsener Schuhmachers drang bald auch an den Hof des Herzogs von Calenberg, der ihn zu sich kommen ließ und ihn belohnen wollte. Doch als der Herzog den Meister deswegen befragte, hatte der nur einen Wunsch und bat um einen neuen Namen für sich und seine Familie. Er hieß nämlich Stinke und hatte unter seinem Namen bereits als Schuljunge viel zu leiden gehabt. Diesen Wunsch erfüllte ihm sein Landesherr gern, zumal dadurch die Staatskasse nicht belastet wurde, und der Schuhmacher durfte sich in Zukunft Gersting nennen.

Die Weiße Frau mit dem Schlüsselbund

Einst lebte am Stadtrand von Springe eine kinderlose Witwe in einer armseligen Hütte. Ihr wertvollster Besitz war eine Ziege, die ihr die tägliche Milch, Butter und Käse zum Leben gab. Um für das Tier frisches Futter zu holen, ging sie deshalb täglich hinauf zum Wald. Als sie wieder einmal am Hallermuntskopf war, lief ihr aus dem dichten Buschwerk ein großer, schwarzer Hund entgegen, der ein golden glänzendes Halsband trug. Um vielleicht das kostbare Halsband in ihren Besitz zu bringen, versuchte die Frau, das Tier durch freundliche Worte und Gebärden anzulocken. Aber der Hund blieb in einigem Abstand mißtrauisch stehen und knurrte sie böse an. Als sie dann auf ihn zuging, wich er vor ihr zurück und verschwand im Unterholz.

Kurze Zeit danach erschien an der gleichen Stelle plötzlich eine Frau. Sie trug ein langes, weißes Kleid, das bis auf die Erde reichte, und hielt in einer Hand ein großes Schlüsselbund. Mit ruhigen Schritten kam sie auf die Frau aus Springe zu, als ob sie ihr etwas mitteilen oder sie etwas fragen wollte. Doch die Witwe erschrak über die unerwartete Begegnung so sehr, daß sie ihre Kiepe mit dem Ziegenfutter zu Boden fallen ließ und ihr die Sichel aus der Hand glitt. Voller Angst ließ sie alles liegen und lief davon.

Aber noch bevor sie ihre Hütte erreicht hatte, bereute sie, so furchtsam gewesen zu sein und kehrte um, denn die Ziege mußte ihr Futter bekommen, und die Frau besaß keine zweite Kiepe und ebenfalls keine weitere Sichel.

So eilte denn die Frau den Berg hinauf zurück. Als sie aber zu der Stelle kam, an der sie ihre Sachen gelassen hatte, waren die Kiepe und die Sichel verschwunden, und statt dessen sah sie dort einen Sack stehen, der mit Goldstücken angefüllt war, und daneben befand sich ein Mann, der freundlich lächelnd auf die einsame Frau zuging.

Wer kann es wissen? Vielleicht war die Frau im langen, weißen Gewand eine gütige Fee, welche die Wünsche und Träume der einsamen Witwe erraten konnte und mit ihrem Schlüsselbund das Tor zum Glück aufschließen wollte.

Die Grafen von Hallermunt

Vom zwölften Jahrhundert bis zum Jahre 1411 stand die Entwicklung des Ortes Hallerspringh vom Bauerndorf bis zur Stadt unter dem Einfluß der Grafen von Hallermunt. Ihre Stammburg war Lucca in der Nähe des Steinhuder Meeres. Graf Wilbrand I. von Hallermunt hatte sie von seinem Bruder Burghardt von Lucca geerbt, nachdem dieser ermordet worden war.

Die Grafen von Hallermunt waren ein Zweig der Familie der Ludolfinger, aus der später die Kaiser Heinrich I. und Otto I. hervorgingen. Im Springer Land traten sie die Nachfolge der Grafen von Schwalenberg an.

Wilbrand I. besaß in Springe und Eldagsen einige größere Höfe und siedelte von Lucca nach Springe über, wo er den Bau der Burg auf dem Hallermuntskopf begann. Um für das Seelenheil seines ermordeten Bruders zu sorgen, stiftete er im Jahre 1163 nahe der Burg Lucca das Zisterzienserkloster Loccum, neben dem danach der Ort gleichen Namens entstand. Er hatte drei Söhne: Burghardt, Ludolf und Wilbrand II. und dazu zwei Töchter, von denen die ältere Adelheid hieß. Der älteste Sohn Burghardt starb bereits in jungen Jahren an einer Verletzung, die er bei einem Turnier in Nienburg erlitt.

Als im Jahre 1187 die Sarazenen unter ihrem Sultan Saladin Jerusalem erobert hatten, rief der Papst jetzt schon zum dritten Mal zum Kreuzzug zur Befreiung der heiligen Stadt auf, der dann zwei Jahre später unter der persönlichen Führung des Kaisers Friedrich I. Barbarossa unternommen wurde. Doch wie die vorhergegangenen Kreuzzüge verlief auch dieser ohne Glück, denn bereits auf dem

Weg zum Heiligen Land ertrank der Kaiser in Kleinasien im Flusse Saleph. Nach der Eroberung von Akka zerstritten sich später der König von Frankreich und Richard Löwenherz von England und brachten dadurch den Kreuzzug um weitere Erfolge.

Zur Teilnahme am Krieg gegen die Sarazenen hatten sich die Adeligen des Sachsenlandes mit ihren Gefolgsleuten den Grafen Christian von Oldenburg und Adolf von Holstein-Schaumburg angeschlossen. Zu ihnen gehörten auch Wilbrand II. und Ludolf von Hallermunt. Für beide sollte das Kreuzfahrtabenteuer ebenfalls unglücklich enden. Denn in Antiochien, wohin man die Leiche des Kaisers brachte, starb Wilbrand an einer Krankheit, von der auch große Teile des Heeres befallen wurden.

Vom Grafen Ludolf ist anzunehmen, daß er mit dem Rest des Heeres weiter nach Palästina zog und dort an den Kämpfen teilnahm, bis er erkrankte und die Heimfahrt antreten mußte. In einem Kloster auf dem Balkan soll er unterwegs Aufnahme gefunden haben und gepflegt worden sein. Auf dem Weitermarsch wurde er danach verwundet und gelangte mühsam in Begleitung seines Freundes, des Grafen von Schaumburg, bis an die Leine, wo er nach kurzem Aufenthalt in Pöhlde und Scharzfels starb. Der Graf von Schaumburg brachte seine Leiche dann nach Loccum, wo Ludolf an der Seite seines Vaters beigesetzt wurde.

Nach einer Chronik von Halberstadt haben angeblich Kreuzfahrer, die im späteren Kreuzzug von Venedig nach Konstantinopel segelten, in Ragusa einen Mönch angetroffen, der sich als Graf von Hallermunt ausgegeben hat.

Mit dem Tode des Grafen Wilbrand II. und Ludolf war die männliche Linie des Geschlechts derer von Hallermunt ausgestorben. Dennoch regierten Grafen dieses Namens im Springer Land weiter bis zum Jahre 1411. Das erklärt sich so, daß Adelheid von Hallermunt in zweiter Ehe den Grafen Günter von Kefernberg geheiratet hatte und deren Sohn Ludolf II. den Namen von Hallermunt und Kefernberg annahm, welchen später seine Nachkommen weiterführten.

Als dann im Jahre 1411 Graf Otto V. von Hallermunt und Kefernberg, ohne Kinder zu hinterlassen, verstorben war, verzichtete sein Bruder Wilbrand VII., welcher zu jener Zeit Abt von Corvey war, darauf, das hochverschuldete Familienerbe anzutreten. Damit fiel der Rest der Grafschaft Hallermunt, wie vorher schon viele Besitzungen, an die welfischen Herzöge. Um Wilbrand für seinen Verzicht auf das Erbe zu entschädigen, wurde er zum Bischof von Minden ernannt.

Schlüsselbund oder Blumen

Endlich war es wieder an der Zeit, daß die drei in den Osterberg verbannten Jungfern ihre unterirdische Behausung verlassen durften. Als sie im aufsteigenden Abendnebel, Geistern gleich, über die Sälderwiesen schwebten, kam dort gerade ein wandernder Handwerksbursche vorbei. An den wandten sie sich, und eine von ihnen fragte den jungen Mann, ob er ihnen einen Gefallen tun und für sie in den Osterberg hinabsteigen würde. Er könne sich vielleicht eine hohe Belohnung verdienen. Nach einigem Bedenken war der Geselle einverstanden.

Da sprach sie zu ihm weiter:

„Wenn du in dieser Richtung in den Wald gehst, wirst du bald an eine Felswand kommen, in der sich ein festes Tor aus Eichenholz befindet. Es ist unverschlossen. Geh dort hinein und immer weiter durch einen langen Gang, der ins Innere des Berges führt. Nach einiger Zeit wirst du in einen weiten Raum kommen, in dessen Mitte sich ein großer Tisch aus Stein befindet. Unter ihm liegen zwei riesige Wolfshunde. Wenn die dich anknurren und die Zähne fletschen, brauchst du dich nicht zu fürchten. Sie werden dir bestimmt nichts zuleide tun. Auf dem Tisch wirst du dann zwei Dinge vorfinden. Eines davon sollst du uns bringen. Wenn es das richtige ist, werden wir erlöst sein und dich für deine Mühe reich belohnen.“

Der Wandergeselle tat alles so, wie die Jungfer es ihm gesagt hatte. Trotz der wütend bellenden Hunde ging er mutig an den Tisch heran und sah dort einen herrlichen Blumenstrauß und ein Schlüsselbund liegen. Da glaubte er, nicht lange überlegen zu müssen und war sicher, daß sich die drei hübschen Jungfern über den Blumen-

strauß mehr freuen würden als über das Schlüsselbund. Er nahm also den Strauß und ging den gleichen Weg zurück bis vor das Eingangstor in der Felsenwand.
Dort erwarteten ihn bereits die Jungfern. Doch statt ihm zu danken und sich über die herrlichen Blumen zu freuen, brachen sie in lautes Jammern und Wehklagen aus:
„Hättest du uns das Schlüsselbund gebracht“, riefen sie schluchzend, „wären wir erlöst worden und würden endlich in unseren Gräbern Ruhe finden! Nun kann uns erst ein Mann erlösen, der wie du an einem Sonntag geboren wurde und in einer Wiege gelegen hat, die aus dem Holz einer Eiche gefertigt wurde. Doch dieser Baum muß erst aus einer Eichel wachsen, die ein Häher jetzt verlieren wird. Wenn dieses Sonntagskind dann die richtige Wahl treffen wird und uns das Schlüsselbund bringt, werden wir endlich erlöst sein. Hättest du richtig gewählt, wärest du mit dem Silberschatz, der hier im Osterberg verborgen liegt, belohnt worden.“
Als sie das letzte Wort gesprochen hatten, verschwanden sie im Nebel der Sälderwiesen.

Die Schlacht bei Sedemünder

Bonifatius gründete im Jahre 744 das Kloster Fulda. Danach ging von dort die Bekehrung der im Wesergebiet wohnenden Sachsen zum Christentum aus, wobei in Hameln die Stiftssiedlung und eine Missionsstation entstand. Im Jahre 1259 verkaufte das reichsunmittelbare Kloster Fulda seine Besitzungen und Rechte in Hameln an den Bischof Wedekind von Minden. Doch Hameln war inzwischen zu einer ansehnlichen Stadt herangewachsen, deren Bürger über sich nicht widerspruchslos verfügen lassen wollten, und sie verweigerten dem Bischof von Minden ihre Anerkennung.

Nun hatten zu jener Zeit Bischöfe landesherrliche Rechte, die denen weltlicher Fürsten entsprachen, und so stellte Wedekind ein Heer auf und zog ein Jahr später auf Hameln zu, um sich die Stadt gefügig zu machen. Die selbstbewußten Hamelner wollten es wohl auf eine Belagerung ihrer Stadt nicht ankommen lassen und marschierten den Mindenern entgegen. An der Deisterpforte, nahe bei Springe, kam es dann zur Schlacht von Sedemünder. Aber die Hamelner hatten ihre Kräfte überschätzt, wurden vernichtend geschlagen und verloren viele Tote und Gefangene.

Doch der streitbare Bischof sollte seines Sieges nicht froh werden, denn jetzt griffen die benachbarten Herzöge von Braunschweig-Lüneburg ein und belagerten Minden. Da ihre Streitmacht der des Bischofs Wedekind weit überlegen war, konnte dieser sich nur dadurch freikaufen, daß er den Herzögen sämtliche Gefangene, die Hälfte der Kriegsbeute und die ideelle Hälfte sowohl von Hameln als auch von Minden überließ.

„Ritter Blaubart“ auf dem Hallermuntskopf

Ein Graf von Hallermunt, der vor vielen Jahrhunderten in der Burg auf dem Hallermuntskopf gelebt haben soll, ist als schlimmer „Ritter Blaubart“ in die Sage eingegangen.

Von ihm wird berichtet, daß er mit seinem Gefolge oft durch die Dörfer der Grafschaft geritten sei, und wenn ihm auf diesen Streifzügen eine hübsche, junge Frau begegnete, die ihm gefiel, habe er sie ergreifen und auf seine Burg bringen lassen.

Dort lebte er danach mit ihr eine Zeitlang in Liebe. Wenn er ihrer aber schließlich überdrüssig geworden war, schickte er sie nicht wieder in ihr Dorf zurück zu ihren Angehörigen, sondern stieß sie aus dem obersten Fenster des Burgturmes hinunter auf das Pflaster des Hofes, daß sie tot liegen blieb. Dabei rief der brutale Mann lachend: „Nun flieg, mein Engel, wenn du kannst!“

Kurze Zeit später streifte er wieder durch die Grafschaft, bis er eine neue Schöne gefunden hatte. Das ging so eine Zeitlang, bis sich die Leute in den Dörfern zusammenrotteten und sich gegen den Grafen und seine Knechte mit Heugabeln und Dreschflegeln zur Wehr setzten. Da war es für den Bösewicht Schluß mit dem lasterhaften Leben. Er verschanzte sich auf seiner Burg und konnte sie bis an sein Lebensende nicht wieder verlassen.

Doch als er gestorben war, traf ihn noch die gerechte Strafe für seine Untaten, und er durfte im Grabe keine Ruhe finden. Als Höllenjäger mußte er von da an in mondhellen Nächten durch das Land streifen. Sein Grab in der Burgkapelle konnte er dazu aber nur durch den unterirdischen Gang, der vom Hallermuntskopf nach Springe führte, verlassen. Er erschreckte dann Frauen, die sich im Wald beim Holzsammeln oder Beerenpflücken verspätet hatten.

Das Ende des Geschlechts derer von Hallermunt und Kefernberg

Etwa zwanzig Jahre nach dem Ende des Lüneburger Erbfolgekrieges regierte auf der Hallermuntsburg Graf Gerhard II. von Hallermunt und Kefernberg. Wie seine Vorfahren hatte auch er schlecht gewirtschaftet, und es drückten ihn hohe Schulden. Um diese abzulösen, verpfändete er die Hälfte seiner Grafschaft, die von Pattensen bis fast nach Hameln reichte, an Herzog Otto von Braunschweig-Lüneburg.

Aber auch bei seinen Nachfahren setzte sich die Mißwirtschaft fort, und es mußte ein weiteres Viertel des ursprünglichen Hallermuntschen Besitzes an die Welfen abgegeben werden. Im Jahre 1411 ging es dann mit dem Geschlecht der Grafen von Hallermunt und Kefernberg vollends zu Ende. Graf Wilbrand VII. war zu jener Zeit Abt des Klosters Corvey. Als sein Bruder starb, wäre er der rechtmäßige Erbe des Restes der Grafschaft gewesen. Doch er wollte das Erbe seines hochverschuldeten Bruders nicht antreten, sondern überließ auch noch das letzte Viertel der Grafschaft den Welfen, die ihm dafür das Amt des Bischofs von Minden verschafften.

Dieser letzte Graf von Hallermunt und Bischof von Minden muß ein rechtes Rauhbein gewesen sein. Bevor er ins Kloster Corvey eintrat, hatte er als Ritter an vielen Kämpfen teilgenommen, wobei er ein Auge eingebüßt und so viele andere Verletzungen erlitten hatte, daß sein Körper voller Narben war. In Minden fühlte er sich als absoluter Herrscher, und es ist überliefert, daß er einen Geist-

lichen, der mit einer Empfehlung des Papstes zu ihm kam, um dadurch für sich Vorteile zu erlangen, voll Zorn in einem Sack in die Weser werfen ließ. Als er dies anordnete, soll er dabei gesagt haben: „Ek dau, wat ek will. In Minden bin ek de Papst!“

Pastor Hölscher aus Springe

Eine Sage berichtet, daß es in Springe einst einen Pastor gegeben habe, der ein so schweres Verbrechen begangen hatte, daß er nach rechtskräftigem Urteil auf der Richtstätte, die sich in der Nähe des Weghauses befand, vom Leben zu Tode gebracht wurde.

Dieser Geistliche hieß Hölscher. Von ihm wird erzählt, daß er nach seinem Tode als weitere Strafe für die begangene Untat im Grabe keine Ruhe finden durfte. Kaum hatte der Totengräber ihn unter die Erde gebracht, fand man seinen Geist bei der Rückkehr vom Friedhof wieder auf der Treppe des Pfarrhauses sitzen. Nachdem man ihn danach noch sechsmal in einer besonders tiefen Grube beigesetzt hatte und er dennoch immer wieder daraus hervorgekommen war, wollte man ihn über die Stadtgrenze schaffen, um ihn endlich loszuwerden.

Zu diesem Zwecke lud man Hölscher im festen Eichensarg auf einen Ackerwagen, den ein Bauer gegen guten Lohn zum Glockenteich nach Sedemünder fahren mußte. Dort lud er ihn ab und dachte, daß damit die Angelegenheit für immer erledigt sei. Doch kaum saß der Bauer wieder auf dem Wagen und hatte sein Gespann zur Rückfahrt gewendet, war der Geist des Pastors wieder aus dem Sarg entwichen, war hinter den Fuhrmann auf den Wagen gesprungen und hatte dem fast zu Tode erschrockenen Mann die Peitsche aus der Hand gerissen. Damit schlug er auf die Pferde ein, daß sie in wildem Galopp zurück nach Springe rannten und dort derart von Schaum bedeckt waren, daß man die Rappen hätte für Schimmel halten können.

Die Springer Ratsherren sahen ein, daß es so nicht weitergehen dürfe, und faßten in ihrer Not den Beschluß, sich an den Bischof zu wenden. Der versprach auch Hilfe und schickte drei junge Mönche, die im Austreiben von Geistern unterwiesen worden waren.

Aber zum ersten von ihnen sprach Hölscher:

„Du kannst mir gar nichts anhaben, denn du wurdest einst zum Dieb, als sich auf einem Feld eine Kornähre hinter der Schnalle deines Schuhes verfing und du diese mit nach Hause nahmst.“

Zum zweiten sagte er danach:

„Auch du kannst mir nichts tun, denn du bist ebenfalls nicht ohne Sünde, da du im Traum deines Nächsten Weib begehrtest.“

Aber dem dritten Mönch konnte Hölscher nichts Böses nachweisen, und darum war dieser mächtig, Hölschers Geist zu bannen, und er verbannte ihn in den sumpfigen Wald beim Taternpfahl.

Doch so ganz war es dem jungen Mönch wohl doch nicht gelungen, über Hölschers Geist Herr zu werden. Darum kann er in jedem Jahr in einer mondhellen Mainacht einen Hahnentritt weit in Richtung nach Springe gehen. Aber bis er dort beim Pfarrhause ankommen wird, werden sicher noch viele hundert Jahre vergehen. Und weil den Geist das so ärgert, vertreibt er sich die Zeit damit, Holzsammlerinnen und Beerenleserinnen im Walde zu erschrecken oder sie in die Irre zu führen.

Die Adenser Gohe

Aus dem ehemaligen Namen Adenoyshusen wurde im Laufe der Zeit die heutige Benennung des Ortes Adensen. In dem Dorf befand sich einst der Stammsitz derer von Adenoys, die erheblich begütert waren und wesentlich zur Förderung der Klöster in Wennigsen, Wülfinghausen und Loccum beigetragen haben.

Ein Graf von Hallermunt hatte die Tochter Adelheid des Herrn von Adenoys geheiratet. Ihr Bruder war kinderlos geblieben und verzichtete, als er älter geworden war, auf sein Erbe zugunsten des Sohnes seiner Schwester. Dadurch fielen die Güter derer von Adenoys im Jahre 1322 an die Grafschaft Hallermunt, indem sie der Mindener Bischof Gottfried dem Grafen Gerhard von Hallermunt und Kefernberg zu Lehen gab.

In alten Urkunden wird die Gohe, wie man das Gohgericht nannte, welches in Adenoyshusen abgehalten wurde, mehrfach erwähnt. Zum Bereich dieses Gerichtes gehörten die Orte Hallerburg, Alferde, Holtensen, Sorsum, Boitzum und Wülfingen.

Der Vorsitzende eines Gohgerichtes war der Gohgräfe, der vom Herzog ernannt wurde. Ihm waren als Beisitzer zwei Männer aus dem Ritterstande, die man Dingleute nannte, beigeordnet. In den Verhandlungen mußten sich die streitenden Parteien durch Vorsprecher, in denen man Vorläufer der Rechtsanwälte sehen könnte, vertreten lassen. Altgermanischem Brauch entsprechend, mußte das Gericht im Freien unter dem Dingbaum abgehalten werden. Nachdem der Gohgräfe das Gericht eröffnet hatte, wurden zwischen ihm und dem Prokurator im Wechsel die Satzungen des

Gerichtes in Frage und Antwort aufgesagt. Danach brachte der Prokurator Klagen und Entgegnungen der Parteien vor. War dies geschehen, zogen sich die Dingleute zur Beratung zurück, um ein Urteil zu finden, das danach vom Gohgräfen verkündet wurde. Eine Vertagung und Bestimmung eines neuen Termins, wie es heute üblich ist, gab es in jener Zeit nicht, sondern das Urteil mußte stets am gleichen Tage gefällt werden.
Am Ende eines Gerichtstages fand meist ein festliches Essen mit Musikbegleitung statt. Möglicherweise sollte es zur nachträglichen Versöhnung der streitenden Parteien beitragen.

Der Fuchs von Wittenburg

Es ist schon viele Jahre her, als ein Hausierer, der Glaswaren verkaufte, mit einer Kiepe auf dem Rücken von Wittenburg nach Mehle ging, wobei er nicht die Landstraße nahm, sondern einen Abkürzungsweg benutzte. Als er am Waldrand des Limberges entlangging, wurde es bereits dämmrig, und er war froh, daß die schwüle Wärme des Sommertages nachließ.

Während der Glashändler daran dachte, ob er noch rechtzeitig in Mehle ankommen würde, um das Glas für das Kirchenfenster beim Pastor abzuliefern, bemerkte er plötzlich einen Fuchs, der aus dem dichten Unterholz des Waldes kam und sich dann zu ihm gesellte. Das Tier lief in kurzem Abstand immer vor ihm her und sah sich von Zeit zu Zeit nach ihm um, als wolle es sich vergewissern, ob er ihm auch folge. Es war ein besonders schöner Fuchs, so groß und kräftig, wie ihn der Händler noch nie gesehen hatte. Das Fell glänzte rotgolden in der untergehenden Sonne, und seine lange, buschige Rute trug er stolz erhoben.

„Was mag der nur von mir wollen?“ murmelte der Hausierer in seinen Bart, als ihn das Tier immer weiter wie ein Hund begleitete. Aber nach einiger Zeit begann der Fuchs, ihm immer wieder die Zähne zu zeigen und ihn böse anzuknurren, als ob er ihn herausfordern wollte, sich mit ihm anzulegen und nach ihm zu schlagen. Der Glashändler war auch einigemal in Versuchung, es zu tun, und hatte seinen Wanderstock schon fester gepackt und zum Schlage erhoben. Aber dann ließ er den Stock wieder sinken und sprach zu sich und auch zu dem Fuchs: „Meinetwegen lauf weiter vor mir her. Solange du mir nichts tust, tue ich dir auch nichts.“

Nach einiger Zeit erreichten die beiden dann in Frieden den Kirchhof von Mehle. Da drehte sich der Fuchs plötzlich um, stellte sich vor den Händler auf die Hinterpfoten und sprach zu ihm mit menschlicher Stimme:

„Es war dein Glück, daß du mich nicht geschlagen hast. Hättest du es getan, hätte ich dich so zugerichtet, daß du niemals wieder deine Kiepe über Land würdest tragen können."

Nachdem er diese Worte gesprochen hatte, verschwand der Fuchs in der Dunkelheit der Nacht. – In der Gegend von Wittenburg und Mehle wird erzählt, daß der gespenstische Fuchs noch mehrfach von Wanderern und Spaziergängern gesehen worden sei.

Die sieben Weltwunder von Pattensen

„Wer den Schaden hat, braucht für den Spott nicht zu sorgen“, heißt es in einem alten Sprichwort. Diese Erfahrung ist auch den Pattensern einst nicht erspart geblieben.

Die kleine Stadt an der Schille spielte in früherer Zeit im Fürstentum Calenberg eine bedeutsamere Rolle, als man heute annehmen möchte, und erregte dadurch wohl auch den Neid mancher Nachbargemeinde. Sie war Sitz eines Volksgerichtes und Archidiakonates, Amtssitz eines Generalsuperintendenten und zeitweise sogar Residenz calenbergischer Herzöge wie Erichs des Älteren.

Doch litt die Stadt durch Kriege, Feuersbrünste und andere unglückliche Ereignisse so sehr, daß sie zu einem Landstädtchen von geringer Bedeutung wurde. Das gab dann Veranlassung zu manch hämischem Spott in den benachbarten Orten wie der Redensart vom „Müller in Pattensen“ und der Aufzählung von sieben Pattenser „Weltwundern“.

Diese angeblichen Weltwunder sollen damals folgende gewesen sein:

Ein Turm ohne Spitze,
eine Leuchte ohne Licht,
eine Wache ohne Soldaten,
Befestigungswälle ohne Kanonen,
eine Mühle ohne Wasser,
ein Schützenfest ohne Musik
und ein Tal, das höher liegt als der Damm, der es vor Überflutung schützen sollte.

Schadenfreude war eben von jeher die reinste Freude.

Das Fräulein von dem Knesebeck

Der Kurprinz Georg Ludwig von Hannover war mit seiner Base Sophie Dorothea verheiratet. Eine Liebesheirat war es wohl nicht gewesen, sondern die Ehe war aus Staatsgründen geschlossen worden und wahrscheinlich nicht besonders glücklich. In der Folge geschah es, daß zwischen der Kurprinzessin und dem jungen Grafen Königsmarck eine Freundschaft entstand, aus der sich ein Liebesverhältnis ergab.

Das konnte am Fürstenhof auf die Dauer nicht unbemerkt bleiben, und so kam es, daß es dem Kurprinzen hinterbracht wurde. Ob er es war, der den Befehl gab, durch welchen das tragische Ende der heimlichen Liebe herbeigeführt wurde, ist niemals bekannt geworden. Am Abend des ersten Juli des Jahres 1694 wurde Graf Königsmarck, der sich auf dem Wege zu seiner Geliebten befand, im hannoverschen Leineschloß ermordet. In der gleichen Nacht wurde die Prinzessin verhaftet und in das Gefängnis in Lauenau gebracht, wo sie bis zur Scheidung der Ehe in Haft gehalten wurde. Die Leiche des Grafen Königsmarck wurde von seinen Mördern beseitigt und ist niemals aufgefunden worden. Nachdem die Ehe getrennt war, wurde Sophie Dorothea auf das Landschloß Ahlden gebracht, das sie bis zu ihrem Tode nicht wieder verlassen durfte. Nicht einmal ihre Kinder durfte sie wiedersehen. Ihr früherer Gemahl ist später als König Georg I. von England und Kurfürst von Hannover in die Geschichte eingegangen.

Es erhebt sich nun die Frage, was Springe wohl mit diesen Ereignissen zu tun hat:

Bei Prinzessin Sophie Dorothea stand ein Fräulein Eleonore von dem Knesebeck als Hofdame in Dienst. Im Laufe der Zeit hatte sich zwischen ihr und der Kurprinzessin ein gewisses Vertrauensverhältnis entwickelt. Da lag es nahe, daß bei der Untersuchung des Falles Königsmarck angenommen wurde, daß die Hofdame vom Liebesverhältnis ihrer Herrin gewußt habe, ja sogar behilflich gewesen sei, es geheimzuhalten. Man verhaftete also auch sie und brachte sie nach Springe ins Gefängnis, wo sie, ohne daß man ihr eine Schuld hätte nachweisen können, unter entwürdigenden Bedingungen wie eine Strafgefangene eingesperrt wurde. Mehrfach verhörte man sie hart und beschuldigte sie sogar, die Absicht gehabt zu haben, den Kurprinzen durch Gift aus dem Wege zu schaffen. Sie ließ sich aber nicht einschüchtern, sondern bestritt entschieden, weder Mitwisserin gewesen zu sein noch eine böse Absicht verfolgt zu haben. Daß man damals eine Verschwörung größeren Ausmaßes vermutet hatte, zeigt sich darin, daß man aus Münder einen Offizier mit vierundzwanzig Soldaten zu ihrer Bewachung abkommandiert hatte, um eine Entführung der Hofdame aus dem Gefängnis zu verhindern. Es ging so weit, daß der Gefangenen jede Verbindung mit der Außenwelt abgeschnitten wurde. Schließlich vernagelte man sogar ihre Zellenfenster mit Brettern.
Über das Fräulein von dem Knesebeck wird aus dieser Zeit berichtet, daß sie sich zuletzt in das Gefangenendasein apathisch gefügt und nur selten aufbegehrt habe, doch niemals habe sie etwas zugegeben, was sie selbst oder die Kurprinzessin hätte belasten können. Daß in Springe allerlei Gerüchte umgingen und viel hinter vorgehaltener Hand getuschelt wurde, ist als sicher anzunehmen. Nach einem halben Jahr Haft im Springer Gefängnis wurde das Fräulein nach Scharzfeld im Harz gebracht, wo sie in der Burg

Scharzfels in Arrest gehalten wurde. Diese Burg hielt man für fluchtsicher und glaubte, dort mit geringerer Bewachung wie in Springe auskommen zu können. Aber nachdem die Gefangene dort drei Jahre verbrachte hatte und wohl niemand mehr daran glaubte, gelang ihr doch die Flucht. Ein Dachdecker, der vielleicht von Angehörigen des Fräuleins von dem Knesebeck bestochen worden war, half ihr, in finsterer Nacht durch ein Fenster unterm Dach der Burg zu steigen und sich von dort aus abzuseilen. Bevor dann ihre Flucht am nächsten Tage bemerkt wurde, war sie über die Landesgrenze entkommen.
Danach gelang es der ehemaligen Hofdame sogar, bis nach Wien zum Kaiser zu kommen und von ihm einen Schutzbrief zu erhalten. Da zwischen dem Herzog von Braunschweig und dem Kurfürsten von Hannover seit längerer Zeit Streitigkeiten bestanden, wurde das Fräulein von dem Knesebeck später am Hof von Wolfenbüttel gern gastfreundlich aufgenommen.

Die Hildesheimer Stiftsfehde

Nach der Spiegelberger Fehde vergingen nur wenig mehr als achtzig Jahre, daß Springe und das ganze Calenberger Land unter den Streitigkeiten der Landesherren erneut schwer zu leiden hatten.
Es begann damit, daß Bischof Johannes von Hildesheim dadurch Unruhe und Widerstand bei seinen Lehnsleuten aus dem Ritterstand ausgelöst hatte, weil er ihre Abgaben neu festsetzte und drastisch erhöhte. Wenn diese dann nicht gezahlt werden konnten, zog er die Güter kurzerhand ein und gab sie einem anderen zu Lehen.
In der Folge taten sich die Ritter in ihrer Bedrängnis zusammen und suchten nach Bundesgenossen gegen ihren Lehnsherrn, den Bischof, die sie auch schnell fanden. Dieses veranlaßte den Hildesheimer, sich ebenfalls nach Hilfe umzusehen, und so standen sich bald zwei starke Parteien kriegsbereit gegenüber. Auf der Seite des Hildesheimer Bischofs befanden sich Herzog Heinrich von Lüneburg, die Grafen von Hoya, Diepholz, Schaumburg und Geldern sowie einige Städte. Dagegen hatten sich, außer den betroffenen Rittern des Hildesheimer Landes, Herzog Heinrich von Braunschweig, Herzog Erich I. von Calenberg, Bischof Franz von Minden und verschiedene Städte verbündet.
Bischof Johannes war es dann, der die Lunte an das Pulverfaß legte und den Krieg in der Karwoche des Jahres 1519 begann. Er fiel mit seinen Truppen in das Calenberger Land ein und brandschatzte viele Orte, darunter Springe, Münder, Pattensen und Wunstorf, während Eldagsen sich freikaufen konnte. Schon damals wurde bei der Kriegführung das Prinzip der „verbrannten Erde“ angewandt,

und man versuchte dem Gegner dadurch zu schaden, daß man die Dörfer und Städte seines Landes in Flammen aufgehen ließ. Zu jener Zeit konnte Herzog Erich seinen Landsleuten nicht helfen, da seine Festung Calenberg durch die Hildesheimer belagert wurde und seine Streitkräfte dadurch gebunden waren. Zur Vergeltung machte es die Gegenseite nicht besser, und so soll der Bischof von Minden das Dorf Nettelkamp sogar eigenhändig in Brand gesteckt haben.

Bei Soltau kam es zur ersten entscheidenden Schlacht, in der die Hildesheimer und ihre Bundesgenossen Sieger blieben. Sie machten viele Gefangene, unter denen sich auch Herzog Erich befand.

Durch den Tod des Kaisers Maximilian I. im Jahre 1519 hatte sich dies alles ohne Eingreifen der Führung des Reiches entwickeln können. Doch danach wurde Karl V. zum König gewählt, der Johannes von Hildesheim in die Reichsacht tat und Herzog Erich, der inzwischen freigekauft worden war, mit der Vergeltung beauftragte.

So begann die Fehde, in welcher der Hildesheimer Bischof schließlich unterlag, aufs neue. Im Friedensschluß zu Quedlinburg mußte sich Bischof Johannes damit abfinden, daß ihm bis aufs „Kleine Stift", welches den Bereich unmittelbar um Hildesheim betraf, aller Landbesitz abgenommen und zwischen Braunschweig und Calenberg aufgeteilt wurde.

Hans hat Hunger!

Im Jahre 1756 nahm der Siebenjährige Krieg seinen Anfang. In jener Zeit war der Kurfürst von Hannover auch König von England, und da England mit Preußen verbündet war, galt den Franzosen Hannover ebenfalls als feindliches Land. So kam es ein Jahr später zur Schlacht bei Hastenbeck, die für ein englisch-hannoversches Heer unglücklich ausging und zur Besetzung des Kurfürstentums durch französische Soldaten führte. Erst im Jahre 1785 wurden die Franzosen nach der Schlacht bei Krefeld, in der ein Heer des Herzogs Ferdinand von Braunschweig siegte, wieder vertrieben.

In der Zeit der Besatzung herrschte auch im Lande zwischen Deister und Leine große Not, die durch Plünderungen und drückende Abgabenlasten hervorgerufen worden war. Die folgende Sage ist daraus entstanden.

In Holtensen, das zur Unterscheidung von anderen Dörfern gleichen Namens Pottholtensen genannt wurde, lebte ein reicher Bauer. Eines Tages hörte man in seinem Haus vom Kornboden her eine laute Stimme rufen:

„Pottholtensen, Pottholtensen! Hans hat Hunger!“

Da die gesamte Familie nebst Knecht und Magd gerade am Tisch beim Mittagessen saß, war leicht zu übersehen, daß sich niemand aus dem Haus einen Spaß erlaubte. Weil das Geschrei nicht aufhören wollte, ging der Bauer schließlich auf den Boden, durchsuchte alle Winkel und schaute nach dem Schreihals hinter jeden Getreidesack, aber niemand war zu finden, und es war jetzt auch

alles ruhig geworden. Doch als der Bauer den Kornboden verlassen hatte, hörte man die Rufe aufs neue.

Das ging von jetzt an alle Tage in der Mittagszeit so weiter. Da sich niemand Rat wußte, fragte man schließlich den Pastor, was zu tun sei. Der meinte, daß es sich um einen Geist handeln müsse und daß es wohl das beste sei, ihm etwas zu essen zu geben. Daraufhin brachte die Bäuerin zu jedem Mittag eine Schüssel mit Essen auf den Speicher, woraufhin das Geschrei nicht mehr gehört wurde. Kam die Frau dann einige Zeit später nach oben, um nachzusehen, war die Schüssel leer und wie mit der Zunge blankgeleckt. Brachte sie aber das Essen einmal nicht pünktlich zur gewohnten Zeit, begann gleich das Geschrei von neuem:

„Pottholtensen, Pottholtensen! Hans hat Hunger!"

So ging es immer weiter, und man fütterte den Unbekannten viele Wochen und Monate hindurch „bis auf den Tod von Hastenbeck".

Danach drangen die französischen Soldaten in die Häuser der Bauern, aßen und schleppten fort, was sich wegschaffen ließ, so daß die große Hungersnot eintraf, die der gespenstische Hans in Holtensen vorhergesagt hatte.

Die Töchter des Grafen von der Hallerburg

Darüber, wie der Osterberg ins Eigentum der Stadt Münder kam, berichtet eine Sage:

Vor langer Zeit lebte auf der Hallerburg ein Graf mit seiner Frau in glücklicher Ehe. Sie hatten drei hübsche Töchter, denen die Gräfin eine liebe, fürsorgliche Mutter war, doch eines Tages starb sie nach kurzer, schwerer Krankheit. So untröstlich der Graf zunächst auch zu sein schien, heiratete er nach Ablauf des Trauerjahres wieder.

Seine neue Frau war jung und sehr schön, jedoch kalt und hartherzig, vor allem ohne Liebe zu ihren Stieftöchtern. Zunächst lebte man gleichgültig nebeneinander her; doch bald gab es nur noch Streit und Zwietracht, woraus schließlich Haß wurde. Als die drei Mädchen glaubten, es nicht mehr aushalten zu können, gingen sie zu ihrem Vater und baten ihn, ihnen eine Wohnung auf einem seiner Güter zu überlassen.

Der Graf war recht zornig über das Begehren seiner Töchter und glaubte, daß es einzig ihre Schuld sei, wenn sie mit seiner neuen Frau nicht auskämen. Doch da sie weiter darauf drängten, von der Hallerburg fortzukommen, wies er ihnen sein Jagdhaus im Osterberg als Wohnsitz an und ließ sie ohne Bedauern davongehen.

In der Einsamkeit des Waldes wuchsen die Mädchen dann zu jungen Frauen heran, doch blieben alle drei unverheiratet. Im Laufe der Zeit suchten sie für sich eine Aufgabe darin, kranke und alte

Menschen zu pflegen und den Leuten in den umliegenden Ortschaften Gutes zu tun, bis sie selbst alt und gebrechlich wurden. Bevor die letzte von ihnen starb, vermachte sie in ihrem Testament den jungen Männern von Münder den Osterberg als Erbe.

Der Wald ging später ins Eigentum des Magistrats über. Dieser hatte dafür an den ersten Pastor von Münder sechzehn Fuder Brennholz zu liefern, mit denen das Pfarrhaus und die Kirche zu heizen waren. Der Pastor hingegen hatte den Junggesellen der Stadt in jedem Jahr zur Fastnacht einen Schinken von sechzehn Pfund und einen Käse von zwanzig Pfund zu geben.

Wie in der Sage weiter berichtet wird, sind die Töchter des Grafen von der Hallerburg mit ihrem Schicksal wohl nicht zufrieden gewesen, denn manch einer gibt an, sie nach ihrem Tode als weiße gespenstische Erscheinungen weinend im Osterberg gesehen zu haben.

Testament

Die Spiegelberger Fehde

In Coppenbrügge und Lauenstein waren die Grafen von Spiegelberg im Laufe der Zeit zu Macht und Reichtum gekommen, so daß sie außer anderen Gütern die Burg auf dem Hallermuntskopf, welche ihnen die Herzöge von Braunschweig-Lüneburg bereits im Jahre 1386 verpfändet hatten, im Jahre 1430 für 3500 Rheinische Gulden kauften.

Es scheint, daß sich die Spiegelberger in ihrem Streben nach Besitz und Macht schließlich übernommen hatten und ihre Kasse leer war. Wie es zu jener Zeit nicht selten war, suchten sie einen Ausweg aus ihrer mißlichen Lage durch Raub und Wegelagerei, wobei sie mit dem Spruch „Ruten un roven dat is ghein Schande – Dat doynt de besten in dem Lande“ den Versuch machten, ihr verwerfliches Treiben als unbedeutend hinzustellen.

Es war die Zeit, in der Sigismund deutscher König und später Kaiser war. Durch die langjährigen Hussitenkriege und die Auseinandersetzungen mit dem Papst war er so sehr gebunden, daß der Norden des Reiches sich weitgehend selbst überlassen blieb. Dadurch hatten hier die größeren und kleineren Landesherren freie Hand, untereinander Kriege und Fehden auszutragen, wie es ihnen Recht zu sein schien.

Da es also nichts genutzt hätte, sich wegen der Räuberei der Spiegelberger an den König zu wenden, um Recht und Ordnung wieder herzustellen, verbündeten sich die Herzöge von Braunschweig-Wolfenbüttel mit denen von Lüneburg und dem Bischof von Hildesheim, wozu noch die Städte Hannover, Hildesheim und

Braunschweig kamen. Auf der Gegenseite standen den Spiegelbergern die Grafen von Hoya, die Ritter Ruschenplate und die Herren von der Hämelschenburg bei.
Im weiteren Verlauf spielten sich die Kämpfe in dieser Fehde vornehmlich im Gebiet der Weser von Grohnde bis Rinteln ab, und die Bevölkerung hatte viel darunter zu leiden. Während dieser Auseinandersetzungen wurde die Burg auf dem Hallermuntskopf bei Springe, die ja Eigentum der Grafen von Spiegelberg war, belagert. Als sie dann erstürmt werden sollte, stellte man fest, daß sie von der Besatzung bereits unbemerkt verlassen worden war. Danach wurde die Burg von den „Eroberern" so gründlich zerstört, daß keine Spuren mehr von ihr zu finden sind. Das geschah im Jahre 1435. Die Fehde fand erst ein Ende, als Moritz und sein Bruder Heinrich von Spiegelberg im Kampfe gefallen waren.

Der Mesenstein

Auf halbem Wege zwischen Springe und Bad Münder befindet sich ein Gedenkstein am Waldrand. Auf ihm kann man lesen:

CURT MESE HEI GRUNZET AS EN SWIN
UN IS FOR EN SWIN ERSCHATEN
DER SELE GODT GNEDICH SYN

Dieser Stein wurde neben einem alten, bereits sehr verwitterten aufgestellt, dessen Inschrift kaum noch zu entziffern war. Doch plötzlich war der alte Stein von unbekannten Tätern fortgeschafft worden und ist seit jener Zeit verschwunden. Er war einst zum Gedenken an den unglücklichen Ausgang einer Wildschweinjagd errichtet worden:

An einem schönen Sommertag gingen zwei Vettern früh am Morgen zum Deister hinauf, um Wildschweine zu schießen, die auf ihren Feldern viel Schaden angerichtet hatten. Da fiel einem von ihnen plötzlich ein, daß er die falsche Munition für sein Gewehr mitgenommen hatte. Es half nichts, er mußte umkehren, um die passende zu holen. Sie verabredeten also, wo sie sich wieder treffen wollten und gingen auseinander. Curt Mese, der nicht so vergeßlich gewesen war wie sein Vetter, stieg weiter hinauf zum Waldrand und legte sich ins Gras, bis er seinen Jagdgefährten von weitem kommen sah. Da kam ihm der Gedanke, dem Ankommenden einen Streich zu spielen. Schnell versteckte er sich deshalb im dichten Gebüsch, und als sein Vetter angekommen war und sich suchend nach seinem Jagdgefährten umsah, grunzte er laut und grimmig wie ein angriffslustiger Keiler.

CURT MESE
HEI GRUNZET
AS EN SWIN
UN IS
FOR EN SWIN
ERSCHATEN
DER SELE
GODT GNEDICH
SYN

Erschreckt riß der Jäger sein Gewehr hoch und feuerte auf gut Glück ins Gebüsch dorthin, von wo er das Grunzen gehört hatte und wo sich eben die Blätter bewegt hatten. Nachdem der Schuß im Walde verhallt war, wurde es für einen Augenblick ganz still. Doch dann war das schmerzliche Schreien und Stöhnen von Curt Mese zu hören und als sein Vetter zu ihm eilte, fand er ihn getroffen am Boden liegen.

Voll Entsetzen lief der unglückliche Schütze, so schnell wie es ihm möglich war, um Hilfe zu holen, und als er mit einigen Männern wieder am Waldrand angekommen war, lebte Curt Mese noch und konnte bestätigen, wie es zu dem Unglück gekommen war. Auf dem Wege zu seinem Haus ist der Verwundete danach gestorben.

Aus dem Lüneburger Erbfolgekrieg

Graf Otto von Hallermunt und Kefernberg war dem Herzog Magnus Torquatus von Braunschweig-Wolfenbüttel als Lehnsmann zum Kriegsdienst verpflichtet und mußte somit am Lüneburger Erbfolgekrieg teilnehmen. Im Verlauf dieses Krieges kam es im Jahre 1371 zur Belagerung der befestigten Stadt Lüneburg durch die Braunschweiger.

Die außerhalb der Stadt auf dem Kalkberg gelegene Burg war von den Belagerern bereits erobert worden, und sie bedrohten von dort aus die Eingeschlossenen so sehr, daß Herzog Magnus glaubte, die Lüneburger zur Übergabe ihrer Stadt auffordern zu können. Doch diese fühlten sich trotz des Verlustes der Burg hinter ihren Mauern so sicher, daß sie das Ansinnen kurzweg ablehnten.

Danach lud der Herzog die Ratsherren und den Bürgermeister ein, zu Verhandlungen auf die Burg zu kommen und sicherte allen freies Geleit zu. In Wirklichkeit wollte er sie aber umbringen lassen, um die regierungslos gewordene Stadt leichter gefügig machen zu können.

Aber als dies vorgeschlagen wurde und beschlossen werden sollte, lehnte sich Graf Otto von Hallermunt gegen den beabsichtigten Wortbruch auf, trat wütend vor den Herzog hin und rief aus:

„Niemals werde ich diesen Mord zulassen! Wer die Abgesandten zu töten versuchen wird, der muß mich zunächst umbringen. Aber ich warne jeden, denn ich weiß mich zu wehren!“

Nach diesen mit äußerster Entschlossenheit gesprochenen Worten besannen sich auch andere darauf, daß ein solcher Verrat eines Ritters unwürdig sei, und der Plan wurde verworfen.

Im weiteren Verlauf der Belagerung gelang es den Lüneburgern, die Burg auf dem Kalkberg zurückzuerobern und danach völlig zu zerstören, damit sie von dort aus nicht mehr bedroht werden könnten.

Aber der Streit ums Erbe ging zwischen den Braunschweigern und Lüneburgern weiter, bis zwei Jahre später Herzog Magnus in der Schlacht bei Leveste gegen ein von den Grafen von Schaumburg und von Everstein angeführtes Heer im Kampf fiel.

Die Wunder von Sankt Annen

An der Landesstraße zwischen Springe und Bad Münder befindet sich eine Flur, die „auf dem Klüsener“ heißt. Hier stieß vor vielen Jahren ein Bauer beim Pflügen auf mehrere große Steinquader, die einst einer Kapelle, welche „Sankt Annen“ hieß, als Fundament gedient hatten.

Neben der Kapelle entsprang zu jener Zeit eine Quelle, von der es hieß, daß ihr Wasser wunderbare Heilkraft besitze. Aus diesem Grunde hatte sich hier ein ehemaliger Priester eine Klause erbaut und hauste dort als Einsiedler. Seinen Lebensunterhalt bestritt er von den Gaben heilungsuchender Wallfahrer.

Es konnte sein, daß dem Eremiten die Spenden der Besucher nicht reichten, vielleicht wollte er aber auch den Ruhm des Wallfahrtortes dadurch vermehren, daß er sich von einem Holzschnitzer eine Statue der heiligen Anna anfertigen ließ und aufstellte. Dieses Standbild war mit einer wunderbaren Eigenschaft ausgestattet, die viele Besucher sicher sehr beeindruckt hat. Ihr Kopf war nämlich hohl und in ihm war ein mit Fett gefülltes Gefäß angebracht. Wenn dann die Sonne Sankt Annen auf den Kopf schien, wurde das Fett warm und flüssig und floß aus den Augen der Statue, daß es dem Betrachter schien, als ob Sankt Anna weinte.

Das neue Wunder bewirkte auch wirklich, daß die Zahl der Heilungsuchenden, die zu der Quelle wallfahrten, immer größer wurde. Insbesondere waren es Gehbehinderte, die an Krücken herbeihinkten und hofften, durch ein Bad im Quellwasser geheilt zu werden. Die wunderbare Quelle hatte die besondere Eigenschaft, daß sie ihr Wasser nur in unregelmäßigen Abständen sprudeln ließ. Wer dann den rechten Augenblick abpaßte und als erster ein Bad nahm, verließ es als geheilt und hing, bevor er sich auf den Heimweg machte, seine Krücken in der Sankt-Annen-Kapelle auf.

Wie überliefert ist, wurde im Jahr 1506 zum ersten Mal eine große Wallfahrt nach der Wunderquelle durchgeführt. Eine solche Gelegenheit ließen sich in jener Zeit geschäftstüchtige Leute nicht entgehen, um dort Buden, Schankzelte und Garküchen zu errichten. Dazu trafen noch Schausteller, Gaukler und Bettler ein, so daß der Ort der Wallfahrt eher einem Jahrmarkt glich, auf dem von Frömmigkeit nur noch wenig zu bemerken war.

Im Laufe vieler Jahre sammelten sich in der Sankt-Annen-Kapelle so viele Krücken an, daß für neue dringend Platz geschaffen werden mußte. Aber jetzt zeigte es sich, daß niemand die alten, wurmstichigen Hölzer haben wollte, bis sich schließlich die Brauergilde erbarmte und bereitfand, vier Pferdewagen voll Krücken abzufahren und zum Bierbrauen zu verheizen. Das Bier, welches dabei entstand, soll aber dick wie Sirup gewesen sein und abscheulich geschmeckt haben.

Die Kapelle wurde im Jahre 1591 abgerissen, und auch die Quelle daneben gibt es heute auf dem Klüsener nicht mehr, doch hat sich über das Ende des Gewässers eine Sage erhalten:

Auf dem Hellweg kam an einem heißen Julitag von Springe her eine junge Frau, die ihr kleines Kind auf dem Arm trug. Sie wußte, daß es am Klüsener eine Quelle gab, wo sie ihren und den Durst ihres Kindes löschen konnte, weshalb sie dorthin ging. Nachdem beide getrunken und sich ausgeruht hatten, wollte sie weitergehen. Da bemerkte sie, daß ihr Kindchen gereinigt und frisch gewindelt

werden mußte. Also zog sie es aus und badete das Kind im Wasser der Quelle. Doch kaum hatte sie es abgetrocknet, als sie von einem unterirdischen Grollen erschreckt wurde und sah, daß die Quelle aufgehört hatte zu sprudeln.

Die Leute sagten danach, daß die Quelle darum versiegt sei, weil sie durch die Reinigung eines unehelichen Kindes in ihrem Wasser entweiht worden sei. In Pyrmont sei sie aber später wieder ans Tageslicht gekommen.

Der Schatz des Einsiedlers

Die Leute aus Springe vermuteten schon lange, daß der Einsiedler bei der Sankt-Annen-Kapelle im Laufe vieler Jahre von den Dankesgaben der Geheilten und den Spenden der Wallfahrer einen großen Schatz angesammelt haben müsse und er ihn sicher vor seinem Tode vergraben habe. Darum hatten bereits viele danach gesucht; aber niemand hatte ihn gefunden.

Einst – es ist schon mehr als hundert Jahre her – geschah es, daß ein Maurer von seiner Arbeit in Kölnischfeld abends zurückkehrte. Nicht weit von Springe begegneten ihm einige Mönche aus Hildesheim und erkundigten sich, ob er wisse, wo früher die Sankt-Annen-Kapelle gestanden habe. Da der Mann sich in der Gegend gut auskannte, war er gern bereit, die Mönche dorthin zu führen. Als sie auf dem Klüsener, wie man die Gegend nannte, wo die Kapelle einst gestanden hatte, angekommen waren, holte einer der Mönche eine alte, vergilbte Zeichnung hervor. Dann maßen sie von einem bestimmten Punkt aus eine Zeitlang hin und her, bis sie sich geeinigt hatten und begannen, in die Tiefe zu graben, wobei ihnen der Maurer fleißig half. Es war recht mühsam, denn ein Baum hatte im Laufe der Zeit die Erde durchwurzelt. Doch schließlich trafen sie auf einen großen Kupferkessel, der voll von alten Münzen war.

Zum Dank für die tatkräftige Hilfe boten die Mönche dem Maurer an, sich von dem vielen Geld die Taschen zu füllen, was der sich nicht zweimal sagen ließ. – Aber leider konnte er danach seinen neuerworbenen Wohlstand nicht lange genießen, da er erkrankte und starb.

Weil die Frau des verstorbenen Maurers schon lange nicht mehr lebte und er auch keine Kinder hatte, kamen nach der Beerdigung die sonstigen Verwandten zusammen, um das Erbe aufzuteilen. Da war schnell alle Trauer um den Verstorbenen vergessen, als man in einer Truhe den Geldschatz gefunden hatte. Als die Erben spät am Abend endlich fertig waren, das viele Geld zu zählen, zu teilen und auch den dabei aufgekommenen Streit zu schlichten, beschlossen sie, ihr Glück mit einem guten Essen und kräftigem Umtrunk zu feiern. So setzten sie sich, ohne vorher die Hände gewaschen zu haben, an den Tisch und aßen den Braten in Ermangelung von Messern und Gabeln mit den Fingern, die zum Schluß noch säuberlich abgeleckt wurden.
Zu ihrem Unglück hatten die Verwandten neben Gold- und Silbermünzen auch viel altes Kupfergeld zählen müssen, das mit giftigem Grünspan überzogen war. Der war an ihren Händen haften geblieben und war mitgegessen worden. Daran sind danach alle Erben im Lauf der nächsten Tage gestorben.
Da möchte man hoffen, daß das Geld, welches die Mönche mit nach Hildesheim genommen hatten, den Menschen mehr Glück gebracht hat.

Wie Eldagsen zu seinem Namen kam

Wie einst Ortsnamen entstanden sein sollen, darüber werden bisweilen kuriose Geschichten erzählt. Ähnlich ist es auch mit ihrem Namen der Stadt Eldagsen ergangen.

Einer Sage nach gab es einst einen Grafen von Hallermunt, der ein leidenschaftlicher Jäger war. Es verging kein Tag, an dem er nicht in aller Morgenfrühe von seiner Burg auf dem Hallermuntskopf aufbrach, um die Wälder des Nesselbergs und des Holenbergs zu durchstreifen. Wenn es dann Mittag wurde, und Hunger sich einstellte, ritt er ins Tal nach Eldagsen, wo er einige Besitzungen hatte. Dort erwartete man ihn bereits und kannte seine Lieblingsspeisen. Hatte er gut gegessen, getrunken und sich ausgeruht, ritt er zurück auf seine Burg bei Springe.

Natürlich fragte ihn dort dann seine um das Wohl ihres Mannes besorgte Frau, was er essen möchte. Da er als rauher Jäger kein Freund vieler Worte war, knurrte er nur, indem er aus dem Fenster in die Richtung von Eldagsen zeigte: „Allda gegessen“.

Da sich dieser Ausspruch sehr oft wiederholte, wurde daraus für den Ort der Name Eldagessen, woraus später der heutige Ortsname Eldagsen entstand.

Die Erbschaft

In der Mitte zwischen Springe, Bad Münder, Altenhagen und Hachmühlen befindet sich der Katzberg, auf dem einst die Burg der Herren von Saldern stand.
Die Grafen von Hallermunt und die Ritter von Saldern waren schon vor Generationen wegen der Grenzen ihrer Besitzungen in Streit geraten, der schließlich in eine blutige Fehde ausartete. Zum Schluß wurde die Burg auf dem Katzberg von den an Zahl überlegenen Gefolgsleuten des Grafen erobert und bis auf die Grundmauern zerstört. Dabei wurde der Ritter von Saldern erschlagen. Seine drei unverheirateten Töchter flohen danach nach Münder, wo denen von Saldern ein Gutshaus gehörte. Dort lebten sie zurückgezogen von aller Welt und starben nach einem langweiligen, freudlosen Leben als alte Jungfern.
Die Erfahrung ihres Lebens mag der Grund dafür gewesen sein, daß sie beschlossen, jungen Menschen zu mehr Glück und Freude in ihrem Dasein zu verhelfen, und so erfuhren Mütter und Väter aus Münder überraschend, daß die adeligen Fräulein ihre Söhne im Testament zu Erben des Osterbergs eingesetzt hatten mit der ausdrücklichen Bestimmung, daß diese frei darüber verfügen dürften.
Ohne Mühe kann sich jeder vorstellen, was in der Folgezeit in der Stadt geschah. Wollten die jungen Burschen auf Jagd gehen, gab es niemand mehr, der es ihnen hätte verbieten können. Benötigten sie Geld für Tanzfeste mit ihren Mädchen oder für Trinkgelage unter Männern, wurden eben so viele Bäume gefällt und verkauft, bis man alles davon bezahlen konnte. Am tollsten trieb man es vor der Fastenzeit. Da dachte niemand mehr ans Arbeiten, sondern die

Feierei nahm acht Tage lang kein Ende. Das wurde mit der Zeit selbst den geduldigsten und großzügigsten Eltern zuviel, und sie baten den Bürgermeister und den Rat der Stadt, wieder Ordnung zu schaffen.

Es mag den Anschein haben, daß die Stadtväter auf diese Bitte der Eltern nur gewartet hatten, denn sie wurden sich sehr schnell darüber einig, wie dem Übel abzuhelfen sei. Kurzerhand erklärten sie das Testament der drei alten Jungfern für ungültig und bestimmten den Osterberg zum Eigentum der Stadt. Leider fehlen Berichte darüber, ob nach diesem Beschluß des Magistrats die Fensterscheiben des Rathauses heil geblieben sind.

Doch, wie die Sage berichtet, sollen die drei Fräulein wegen dieser Mißachtung ihres letzten Willens im Grabe keine Ruhe mehr gefunden haben. Alle hundert Jahre kann man eine von ihnen im Nebel der Sälderwiesen als weißgekleidete geisterhafte Erscheinung sehen.

Unser letzter Wille

Die Schlacht im „Alten Lager“

Nachdem ein Heer der Franken im Süntel auf dem Dachtelfeld durch die Sachsen eine vernichtende Niederlage erlitten hatte, beabsichtigte der Frankenkönig Karl, sich zu rächen und führte selbst ein Heer ins Land der Sachsen.

In langen anstrengenden Märschen waren die Franken bis zum Katzberg bei Altenhagen gekommen. Dort hatten sie ihr Feldlager aufgeschlagen um auszuruhen. Auch ihr König war vor Erschöpfung tief eingeschlafen, während seine Diener bei ihm Wache hielten.

Plötzlich erwachte Karl, sah um sich und fragte: „Wer hat mich soeben angerührt?“ Doch die Wächter versicherten ihm, daß sich niemand in seiner Nähe befunden habe. Danach versank er schnell wieder in tiefen Schlaf.

Doch nach kurzer Zeit fuhr er erneut hoch und stellte die gleiche Frage. Aber die Diener beruhigten ihn und meinten, daß er sicher nur einen bösen Traum gehabt habe.

Nachdem der Frankenkönig dann wieder eine Zeitlang unruhig geschlafen hatte, schreckte er auf, sprang hoch und schrie sein Gefolge an, daß ihn doch eben bestimmt jemand heftig angestoßen habe. Als die Umstehenden daraufhin bereit waren zu schwören, daß dem König niemand zu nahe gekommen sei, rief Karl aus: „Dann hat mich Gott selbst berührt, um mir ein Zeichen zu geben. Wir wollen darum aufbrechen und dem Feind entgegentreten!“

Danach zog das fränkische Heer durch das Bruch über Theensen zum Süntel und traf im „Alten Lager“ auf die Sachsen. Dort kam es dann zu einem heftigen Kampf, in dem die Franken siegten.

Die verwünschten Jungfern

Einer Sage nach gab es einst einen unterirdischen Gang, der von der Burg auf dem Hallermuntskopf nach der Wasserburg in Springe führte. Er sollte wohl als Fluchtweg für die Burgbewohner oder zu ihrer Versorgung bei einer Belagerung gedient haben. Selbst als die Hallermuntsburg schon lange nicht mehr bestand, hat es den geheimen Gang angeblich immer noch gegeben, und es wird erzählt, daß darin drei verwünschte Jungfern gehaust hätten, die von einem furchtbaren Drachen bewacht würden. Ob sie eine schlimme Tat zu büßen hatten, daß sie solch ein trostloses Leben unter der Erde führen mußten, ist nicht bekannt.

Aber ganz ohne Hoffnung auf Erlösung wurden die Frauen nicht gelassen. Alle hundert Jahre einmal dürfen sie in einer mondhellen Nacht aus ihrem finsteren Verlies hervorkommen. Sie sind dann in lang herabwallende weiße Gewänder gekleidet, und neben ihnen läuft ein schwarzer Pudel her, der ein blutrotes Halsband trägt.

Wenn den Jungfern in dieser Nacht ein Mann begegnet, der in der Christnacht geboren wurde, fragen sie ihn, ob er bereit sei, sie zu erlösen. Sie würden ihn dafür dann reich belohnen. Doch um sie vom Bannfluch zu befreien, müsse er den Kampf mit einem Drachen wagen, der sie bewacht, und er müsse das Untier töten.

Leider ist in keiner Chronik überliefert, ob sich bis zum heutigen Tage ein mutiger Mann zu dem Abenteuer bereitgefunden hat. Deshalb warten die drei Jungfern vielleicht immer noch auf Erlösung.

Das Springer Land im Dreißigjährigen Krieg

Bis zum Jahr 1623 blieb der Norden Deutschlands von den Schrecken des Dreißigjährigen Krieges verschont. Doch als die protestantischen Söldnertruppen des Ernst von Mansfeld und Christian von Braunschweig nach der Schlacht bei Höchst und später bei Stadtlohn nach Norden auswichen, folgte ihnen Graf Tilly mit dem Heer der katholischen Liga dorthin.

Da sich jetzt Christian IV. von Dänemark, der auch Herzog von Holstein und Oberster des niedersächsischen Reichskreises war, bedroht fühlte, ließ er sich zum Führer der protestantischen Fürsten und Städte wählen und schickte Mansfeld ein Heer von 20000 Mann zu Hilfe. 1624 griff Wallenstein mit einem aus eigenen Mitteln aufgestellten Söldnerheer im Kampf um Norddeutschland ein und unterstützte dadurch Tilly. Das war dann der Beginn des dänisch-niedersächsischen Krieges. Nach mehreren anderen Gefechten kam es im Jahre 1626 zur entscheidenden Schlacht bei Lutter am Barenberg, die von König Christian IV. verloren wurde. Danach stand ganz Norddeutschland und auch das dänische Festland den Truppen Tillys und Wallensteins offen. Erst das Eingreifen der Schweden führte eine Wende herbei.

Aber bevor sich die Dinge so entwickelt hatten, setzten Tillys Söldner im Jahre 1625 bei Holzminden über die Weser, folgten dem Lauf des Flusses bis über Hameln hinaus und zogen dann über Springe in Richtung auf Hannover. Da bei den Heerführern jener Zeit der Grundsatz herrschte, daß der Krieg den Krieg ernähren müsse, hatten die von den Truppen durchzogenen Städte und Dörfer ohne Gegenleistung für alles aufzukommen, was die Söldner brauchten. Wo man nicht alles freiwillig gab, wurde geplündert, geraubt und getötet. Wohlhabende Orte konnten sich allerdings, um die Besetzung zu vermeiden, mit viel Geld freikaufen.

Da es für Tillys Heer in dieser Gegend keinen anderen Weg nach Hannover gab als den durch die Deisterpforte über Springe, bot man wahrscheinlich der Stadt Springe gar nicht erst die Möglichkeit, sich freizukaufen, sondern überfiel den Ort am 31. Juli 1625. Wer nicht fliehen konnte, wurde niedergehauen, wobei viele zu Tode kamen. Die Häuser wurden geplündert, Nahrungsmittelvorräte aus Kellern, Speichern und Scheunen weggefahren. Soweit das Vieh nicht mitgenommen wurde oder der sofortigen Verpflegung diente, wurde es sinnlos abgeschlachtet und liegengelassen, so daß sich bald ein unerträglicher Gestank der Verwesung ausbreitete. Die Entstehung von Seuchen dürfte die weitere Folge gewesen sein. Das Dorf Altenhagen ging in Flammen auf, und in Nettelrede gab es mehr als hundert Tote.

Am 25. Oktober 1625 fand dann die Schlacht bei Seelze statt, in welcher der Herzog von Altenburg-Sachsen und der Reiteroberst Obentraut ihr Leben verloren.

Den Eldagsenern war es zunächst besser ergangen als den Bürgern von Springe. Mit viel Geld hatten sie sich freikaufen können und waren von Mord und Plünderung verschont geblieben. Doch danach begingen sie einen verhängnisvollen Fehler. Nach der Schlacht bei Seelze war ihnen nämlich der kaiserliche Reiteroberst Plankhart in die Hände gefallen, der danach aber gegen die Auslieferung der

Leichen von Obentraut und Altenburg wieder freigelassen wurde, was für Oberst Plankhart offenbar recht demütigend verlief, zumal man ihm sein Schwert abgenommen und später nicht zurückgegeben hatte. So wird er sicher bereits damals Rache geschworen haben, und als er zwei Jahre später wieder in der Gegend war, ließ er Eldagsen in Flammen aufgehen.

Die Hünenburg bei Altenhagen

Im Westen des Dorfes Altenhagen befindet sich der Kleine Deister, dessen höchste Erhebung der Burgberg ist. Die Gegend dort oben ist sehr felsig, und es liegen hier viele große Sandsteinbrocken, die den Eindruck erwecken, als seien sie wahllos verstreut worden.

So erscheint es nicht verwunderlich, daß einst von diesem Ort eine Sage entstanden ist. In ihr wird berichtet, daß hier in alter Zeit Hünen gehaust haben. Doch wohnten sie nicht in einer finsteren Erdhöhle, wie das in anderen Gegenden der Fall war, sondern sie hatten sich auf der Kuppe des Berges eine gewaltige Burg errichtet, die mit dicken Mauern umgeben war. Von dort aus beherrschten sie das Tal zwischen Süntel, Deister und Osterwald.

Auf ihrer Burg lebten die Riesen herrlich und in Freuden, feierten Feste und ließen sich von den Menschen im Tal, die sie verächtlich Erdenwürmer nannten, bedienen, und diese hatten für alles zu sorgen, was die Burgherren zum Lebensunterhalt benötigten.

Aber auch die Hünen hatten kein ewiges Leben. Wie die Menschen wurden sie alt und mußten eines Tages sterben. Ihre Angehörigen begruben sie dann und schichteten über den Toten jene Hügel auf, die man noch heute in der Umgebung des Burgberges finden kann.

Schließlich war nur noch einer von allen Hünen übrig und langweilte sich in der Einsamkeit auf der Burg furchtbar, denn zum Feiern gehören ja wenigstens zwei. So wurde er schließlich schwermütig und beschloß, seinem Leben ein Ende zu bereiten. Doch vorher zerstörte er die Burg so gründlich, daß die Steine, aus welchen sie einst gebaut worden war, weit im Umkreis verstreut wurden. Danach grub er für sich ein tiefes Grab in den Berg und zog den größten Stein, den er erreichen konnte, vor den Eingang. Die Menschen im Tal aber waren froh, daß sie endlich von der Herrschaft der Hünen befreit waren.

Die „Alte Taufe“

Wandert man von Springe aus auf dem Kamm des Deisters entlang, vorbei am Annaturm und Nordmannsturm, so gelangt man schließlich zu einem merkwürdig gestalteten großen Findling, der an seiner Oberseite abgeflacht ist und eine Höhlung aufweist, in der sich das Regenwasser sammelt. Er ähnelt so einem riesigen Taufbecken und trägt daher auch den Namen „Alte Taufe“. Mit ihm verbindet sich eine sehr alte Sage:

Durch Mönche des Klosters Fulda war die Mehrzahl der Sachsen bereits zum Christentum bekehrt worden, als immer noch manche von ihnen am Glauben ihrer Vorfahren an die alten germanischen Götter festhielten und sogar andere zu veranlassen suchten, dem christlichen Glauben wieder abzuschwören. Unter diesen tat sich der Nachkomme einer sächsischen Häuptlingsfamilie besonders hervor, der den Geiselmord des Frankenkönigs Karl in Verden an der Aller mit christlicher Gesinnung nicht in Übereinstimmung bringen und den Tod seiner Vorfahren nicht vergessen konnte.

Er haßte alle, die Wodan, Freia und den anderen Göttern der Germanen den Rücken gekehrt hatten, und wo es ihm nicht gelang, sie zu seinem heidnischen Glauben zurückzuführen, konnte er in jähen Zorn geraten und sich sogar zu Gewalttätigkeiten hinreißen lassen.

Magnus hieß dieser Mann. Er wohnte im Tal zwischen Deister und Süntel. Als er einst eine junge Frau, die sich vor kurzem zusammen mit ihrem fünfjährigen Sohn hatte christlich taufen lassen, nicht dazu bringen konnte, vom neuen Glauben wieder abzulassen,

drohte er ihr, um sie dennoch zu zwingen, sie und ihr Kind dem Gotte Wodan zu opfern.

Dennoch blieb die junge Frau fest und hoffte in ihrer Not auf den Beistand des Gottes der Christen, dem sie treu bleiben wollte. Da gelang es Magnus nicht mehr, seinen Zorn zu zügeln. Er ließ durch seine Knechte die Mutter und den Knaben den Hang des Deisters hinaufschleppen und tötete beide auf dem einstigen Opferstein der Sachsen.

Aber nachdem Magnus diese grausame Tat vollbracht hatte, quälte ihn doch sein Gewissen, und er war tief beeindruckt von der Standfestigkeit der jungen Frau und ihrer Treue zum Glauben an den Christengott. Bei Nacht wälzte er sich ruhelos umher, und war er doch endlich eingeschlafen, erschienen ihm die Mutter und ihr unschuldiges Kind im Traum und ließen ihn aufschrecken.

Schließlich konnte er es allein nicht mehr tragen, und er erzählte alles seiner Frau. Diese war in ihren Gedanken längst zum Christentum übergetreten, und es gelang ihr schließlich, ihren Mann zu überzeugen, daß es für ihn besser sei, sich von den alten Göttern zu trennen, denn dann würde er in der neuen Religion vielleicht Vergebung seiner Sünde und wieder Ruhe finden.

Zunächst war Magnus keineswegs dazu bereit, doch war er schließlich damit einverstanden, sich an den Fuldaer Mönch Amelung zu wenden, obwohl er diesen früher besonders verabscheut und gehaßt hatte. Amelung, der sich in Apelern aufhielt, konnte auch gewonnen werden, seinen früheren Widersacher in der christlichen Lehre zu unterweisen, und schließlich willigte Magnus sogar ein, sich taufen zu lassen.

Als die heilige Handlung vollzogen werden sollte, schlug Magnus vor, daß die Taufe am alten Opferstein auf der Höhe des Deisters, wo er seine grausame Tat vollbracht hatte, geschehen solle, womit der Mönch auch einverstanden war.
Seit jener Zeit heißt der einstige Opferstein „Alte Taufe“. Doch sagt man, daß danach dort niemand mehr getauft worden sei.

Quellen und Literatur

Friedrich Meissel
Beiträge zur Beschreibung,
Geschichte und Sagenkunde
des Kreises Springe 1907

Wilhelm Netzel
Kleine Geschichte der Stadt Springe

Detlev Hesse

Friederike von Hallermunt

Nemesis-Verlag 1988

Die sagenhafte Reihe zum Sammeln

Heinz Grunow/
I. Kollmann-Gümmer
Sagen und Erzählungen von der Emmer, der Weser und der Ilse
80 Seiten, 38 Zeichng.
ISBN 3-87585-127-7

I. Kollmann-Gümmer/
Georg Kollmann
Sagen und Erzählungen aus dem Pyrmonter Land
108 Seiten, 26 Zeichng.
ISBN 3-87585-141-2

Georg Kollmann/
I. Kollmann-Gümmer
Sagen und Erzählungen aus Hameln
112 Seiten, 22 Zeichng.
ISBN 3-87585-129-3